Esto es lo que quiero ser

Obrero de construcción

Heather Miller

Traducción de Carlos Prieto

Heinemann Library

Chicago, Illinois

©2003 Reed Educational & Professional Publishing
Published by Heinemann Library,
an imprint of Reed Educational & Professional Publishing
Chicago, IL

Customer Service 888-454-2279
Visit our website at www.heinemannlibrary.com

Designed by Sue Emerson, Heinemann Library
Printed and bound in the United States by Lake Book Manufacturing, Inc.

07 06 05 04 03

10 9 8 7 6 5 4 3 2 1

Library of Congress Cataloging-in-Publication Data
Miller, Heather.
   [Construction worker. Spanish]
   Obrero de construcción / Heather Miller
      p. cm. — (Esto es lo que quiero ser)
Includes index.
Summary: An introduction to the educational background, equipment, clothing, and various duties of a construction worker.
   ISBN 1-40340-375-9 (HC), 1-40340-597-2 (Pbk)
   1. Building—Vocational guidance—Juvenile literature. 2. Labor—Employee—Juvenile literature. [1. Building. 2. Construction workers. 3. Occupations. 4. Spanish language materials] I. Title.
TH159 .M55 2002
624'.092--dc21

                                        2002068603

Acknowledgments
The author and publishers are grateful to the following for permission to reproduce copyright material:
p. 4 G. Brad Lewis/Visuals Unlimited; p. 5R Bill Miles/Corbis Stock Market; pp. 5L, 8, 11R Phil Martin/Heinemann Library; p. 6 Alex L. Fradkin/PhotoDisc; p. 7 Ted Curtin/Stock Boston; p. 9 Chuck Keeler Jr./Corbis Stock Market; p. 10L PhotoDisc; p. 10R Inga Spence/Visuals Unlimited; p. 11L John Boykin/Index Stock Imagery/PictureQuest; p. 12 Arnulf Husmo/Stone/Getty Images; p. 13 Janet Gill/Stone/Getty Images; p. 14 Andy Levin/Photo Researchers, Inc.; p. 15 Dean Conger/Corbis; p. 16 Bob Daemmrich/Stock Boston; p. 17 Kevin A. Byron/Bruce Coleman Inc.; p. 18L Jeff Greenberg/ Visuals Unlimited; p. 18R John Burke/Index Stock Imagery, Inc.; p. 19 Ralf Gerard/Stone/Getty Images; p. 20 Jock Montgomery/Bruce Coleman Inc.; p. 21 Edmond Van Hoorick/PhotoDisc; p. 23 (row 1, L–R) Andy Levin/Photo Researchers, Inc., Ted Curtin/Stock Boston, Andy Levin/Photo Researchers, Inc., Corbis Stock Market; p. 23 (row 2, L–R) Ralf Gerard/Stone/Getty Images, Ted Curtin/Stock Boston, Ralf Gerard/Stone/Getty Images, Dean Conger/Corbis; p. 23 (row 3, L–R) John Burke/Index Stock Imagery, Inc., Phil Martin/Heinemann Library, Arnulf Husmo/Stone/Getty Images, Ted Curtin/Stock Boston; p. 23 (row 4, L–R) Sue Emerson/Heinemann Library, Chuck Keeler Jr./Corbis Stock Market, Andy Levin/Photo Researchers, Inc., PhotoDisc

Cover photograph by Bill Miles/Corbis Stock Market
Photo research by Scott Braut

Special thanks to our bilingual advisory panel for their help in the preparation of this book:

Anita R. Constantino
Literacy Specialist
Irving Independent School District
Irving, Texas

Aurora García Colón
Literacy Specialist
Northside Independent School District
San Antonio, TX

Argentina Palacios
Docent
Bronx Zoo
New York, NY

Leah Radinsky
Bilingual Teacher
Inter-American Magnet School
Chicago, IL

Ursula Sexton
Researcher, WestEd
San Ramon, CA

Unas palabras están en negrita, **así**.
Las encontrarás en el glosario en fotos de la página 23.

Contenido

¿Qué hacen los obreros de construcción?

Los obreros de construcción hacen carreteras, casas y **rascacielos**.

Unos obreros de construcción manejan grandes máquinas.

Otros clavan o cortan madera.

¿Qué trabajos especiales hacen?

Los obreros de construcción no siempre hacen algo nuevo.

A veces tumban edificios.

bola de demolición

excavadora

grúa

El operador de **grúa** maneja la **bola de demolición**.

Una **excavadora** alza los pedazos y se los lleva.

¿Qué equipo usan los obreros de construcción?

Los obreros de construcción usan ropa y equipo que los protege.

Este obrero tiene **gafas protectoras** y guantes.

Los obreros de construcción se ponen **cascos**.

También se ponen botas fuertes.

¿Qué herramientas usan los obreros de construcción?

Los obreros de construcción clavan con martillos.

Dan vueltas con **llaves de tuercas.**

cemento

Excavan con palas.

Echan cemento con **palustres.**

¿Dónde trabajan los obreros de construcción?

Los obreros de construcción trabajan en muchas partes.

Este obrero está construyendo una **torre de perforación** en el mar.

Unos trabajan en grandes ciudades.

Otros trabajan en carreteras.

¿Trabajan en otras partes?

viga

Unos obreros de construcción trabajan en las alturas.

Ponen **vigas** para edificios altos.

Otros obreros de construcción trabajan bajo tierra.

Construyen **túneles**.

15

¿Cuándo trabajan los obreros de construcción?

Los obreros de construcción trabajan a cualquier hora.

Por lo general empiezan a trabajar muy temprano.

A veces trabajan de noche.

Trabajan muchas horas.

¿Qué clases de obreros de construcción hay?

Los **carpinteros** trabajan con madera.

Los **herreros** trabajan con metal.

Los **albañiles** trabajan con **ladrillos**.

Construyen paredes y **chimeneas**.

¿Cómo aprenden los obreros de construcción?

Unos obreros de construcción aprenden en el trabajo.

Practican cómo usar las herramientas.

Otros van a estudiar.

Aprenden cómo se hacen
los edificios.

Prueba

¿Recuerdas cómo se llaman estas cosas?

Busca las respuestas en la página 24.

?

?

?

Glosario en fotos

viga
página 14

grúa
página 7

herrero
página 18

palustre
página 11

ladrillo
página 19

excavadora
página 7

albañil
página 19

túnel
página 15

carpintero
página 18

gafas protectoras
página 8

torre de perforación
página 12

bola de demolición
página 7

chimenea
página 19

casco
página 9

rascacielos
página 4

llave de tuercas
página 10

Nota a padres y maestros

Leer para buscar información es un aspecto importante del desarrollo de la lectoescritura. El aprendizaje empieza con una pregunta. Si usted alienta a los niños a hacerse preguntas sobre el mundo que los rodea, los ayudará a verse como investigadores. Cada capítulo de este libro empieza con una pregunta. Lean la pregunta juntos, miren las fotos y traten de contestar la pregunta. Después, lean y comprueben si sus predicciones son correctas. Piensen en otras preguntas sobre el tema y comenten dónde pueden buscar la respuesta. Ayude a los niños a usar el glosario en fotos y el índice para practicar nuevas destrezas de vocabulario y de investigación.

Índice

Respuestas de la página 22

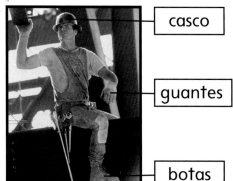

casco

guantes

botas